RHABARBER

SØREN STAUN PETERSEN

RHABARBER

– Raffinierte Rezepte für Süsses und Herzhaftes

LV.Buch
Die Begeisterungswerkstatt

INHALT

VORWORT

Rhabarber. DER Frühlingsbote. Mit seinen langen roten Stängeln und den großen grünen Blättern kann man Rhabarber unmöglich übersehen. Aber womöglich sind wir bei seiner Rolle in der Küche etwas voreingenommen. Natürlich ist er in Desserts und Süßem genial, aber er kann viel mehr. Ich bin komplett in den Rhabarber „eingetaucht“ und habe ihn bis aufs Letzte ausgequetscht, um herauszufinden, was man noch alles mit ihm anstellen kann. Und in diesem Buch zeige ich, wie unglaublich vielseitig Rhabarber ist. Denn er kann mehr, als man glaubt!

Trifle, Grütze, Marmelade und Suppe. Das kennen die meisten beim Rhabarber. Aber was, wenn ich Risotto, gebackener Lachs oder Pizza sage? Das ist nichts, was man sofort mit Rhabarber in Verbindung bringt, was aber mit seiner Säure und leichter Süße unglaublich harmoniert.

Der Rhabarber wurde seinerzeit populär, weil er eine Lücke in der Erntesaison füllte. Er war nämlich das erste „Obst“ des Jahres, das geerntet werden konnte. Und im zeitigen Frühjahr hungerte man nach etwas Säuerlich-Süßem. Leider geriet der Rhabarber etwas in Vergessenheit, als man mit dem Import von Obst aus den warmen Ländern begann – plötzlich standen Äpfel, Birnen und Co. das ganze Jahr zur Verfügung.

Das Buch zeigt neue und originelle Arten, Rhabarber für süße und herzhafte Gerichte zu verwenden – z. B. in einer Neuinterpretation von Koteletts aus dem Ofen oder als säuerlich-frische Zutat in einem Pulled-Pork-Burger. Es führt Sie auch durch alle klassischen Rezepte wie z. B. Rhabarberkompott – aber mit einem Kick, den Sie vorher bestimmt noch nicht kannten.

Rhabarber eignet sich ausgezeichnet zum Einmachen als Kompott oder Saft. Deshalb gibt es auch Kapitel mit einem Grundrezept (z. B. Kompott) und verschiedenen Rezepte auf dieser Basis. Die Rhabarbersaison ist ja sehr kurz und deshalb ist Konservierung eine Option, den Geschmack länger genießen zu können. Diese Kapitel liefern Ihnen ganz neue Ideen dazu.

Søren Staun Petersen

EINLEITUNG

Das Buch umfasst zwei Hauptteile. In der ersten Hälfte wird der Rhabarber frisch verarbeitet. In der zweiten kochen wir Kompott, Relish bzw. Chutney und Saft – um diese danach für Gerichte zu verwenden. Beide Teile umfassen herzhafte und süße Rezepte, die klassischen, wohlbekannten und neue, interessante Arten, Rhabarber zu verarbeiten.

VERWENDETE SORTEN

Bei Rhabarber finden sich rot- und grünstielige Sorten. Grundsätzlich sind die rotstieligen Sorten süßer und milder im Geschmack, wobei diejenigen am mildesten sind, die auch rotes Fruchtfleisch aufweisen. Zu den beliebtesten Sorten zählen Holsteiner Blut, Frambozen Rood (Erdbeer-/Himbeerrhabarber) und Sutton. Sutton macht etwa 70 % des professionellen Anbaus aus. Der Anteil Frambozen Rood steigt seit einigen Jahren aufgrund der schönen roten Ausfärbung.

SAISON

Rhabarber hat von Ende März bis Ende Juni Hochsaison. Inzwischen ist jedoch eine zweite Saison von August bis September entstanden. Die sogenannten Herbstrhabarber bilden im Gegensatz zu den anderen Sorten immer wieder neue Triebe und können von April bis zum Herbst geerntet werden. Sie liefern die höchsten Erträge oft im Herbst.

GRUNDSÄTZLICHES

Wenn nichts Anderes angegeben wird, sind die Rezepte für 4 Personen berechnet und können im Heißluftofen zubereitet werden.
Für sämtliche Rezepte gilt natürlich, dass der Rhabarber vorher gründlich gewaschen und geputzt werden sollte.

RHABARBER – EIN TOLLES GEMÜSE

Von Cathrine Ilsøe, klinische Diätberaterin und Beraterin für Ernährung und Lebensstil

Wir ordnen Rhabarber nicht als Gemüse ein, biologisch gesehen ist er das jedoch. Er ist beim Kochen längst nicht so üblich wie z. B. Knollenfrüchte und Kohl.

Bei den gesundheitsfördernden Eigenschaften muss man den hohen Ballaststoffanteil des Rhabarbers hervorheben: 3,8 g Ballaststoff pro 100 g. Damit landet er in der Gruppe Gemüse mit hohem Ballaststoffgehalt. Der Gehalt an Ballaststoffen trägt zum Sättigungsgefühl bei. Gesunde Ballaststoffe wie die des Rhabarbers wurden früher in der Medizin genutzt: Als Mittel gegen Verdauungsprobleme – nicht zuletzt gegen Verstopfung.

Aus Ernährungsperspektive trägt Rhabarber mit einem bescheidenen Energiegehalt bei: nur 26 kcal pro 100 g. Zum Vergleich enthalten Karotten 38 kcal pro 100 g.

Außerdem liefert er eine Reihe gesunder Nährstoffe: Vitamin C, Kalium und Calcium sowie Antioxidantien. Die rote Farbe der Stängel sieht nämlich nicht nur schön aus, sie ist auch gesund, weil sie auf den hohen Gehalt Anthocyane zurückzuführen ist, ein Antioxidians, das auch in dunklen Beeren enthalten ist.

Das stumpfe Gefühl an den Zähnen, das man beim Verzehr von Rhabarber hat, liegt am Gehalt an Oxalsäure. Oxalsäure bindet Kalk und verhindert, dass er in die Blutbahn gelangt, wird aber neutralisiert, wenn man sie gemeinsam mit calciumhaltigen Lebensmitteln zuführt (z. B. Milchprodukte).

HERZHAFTES

FRÜHLINGSKARTOFFELSALAT

200 g Rhabarber
30 g Rohrzucker
700 g Kartoffeln, gekocht und abgekühlt
200 g Crème fraîche 18 %
250 g Mayonnaise
2 TL Dijon-Senf
2 kleine rote Zwiebeln
frischer Schnittlauch
Limettensaft
Salz und Pfeffer

Rhabarber in kleine Würfel schneiden und in einen Topf geben. Zucker und 2 EL Wasser hinzufügen, auf kleiner Flamme köcheln lassen. Die Würfel sollten etwas weich werden, wichtig ist aber, dass der Rhabarber nicht ganz verkocht – er sollte noch bissfest sein. Wasser abgießen und abkühlen lassen.

Kartoffeln in mundgerechte Stücke schneiden.

Crème fraîche, Mayonnaise und Senf vermengen. Mit Salz und Pfeffer abschmecken. Rote Zwiebeln und Schnittlauch klein schneiden und in das Dressing mischen.

Zum Schluss Kartoffeln, Rhabarber und Limettensaft unterheben.

PIZZA BIANCA

TEIG

30 g Hefe
200 ml lauwarmes Wasser
1 EL Olivenöl
300 g Pizzamehl (oder normales Weizenmehl)
etwas Salz

BELAG

4 kleine Kartoffeln
5 Stängel Rhabarber
80 g Chorizo
120 g reifer Cheddar
250 g Ricotta

Hefe in das lauwarme Wasser einrühren. Die restlichen Zutaten hinzufügen und Teig gut durchkneten. Teig auf die doppelte Größe aufgehen lassen – ca. 1 Stunde.

Kartoffeln, Rhabarber und Chorizo klein schneiden, die Kartoffeln in sehr feine Scheiben. Den Cheddar reiben und mit dem Ricotta vermengen.

Teig für 2 Pizzen ausrollen, erst mit Käse und dann mit Kartoffeln, Rhabarber und Chorizo belegen.

Mit Unter-/Oberhitze bei 250 °C ca. 20–25 Minuten backen.

SEEHECHT AN RISOTTO

4 Seehechtfilets
5 Stängel Rhabarber
2 Zwiebeln
540 g Arborio-Reis
100 ml Olivenöl
200 ml Weißwein
ca. 1,5 l Gemüsebrühe
75 g Butter
80 g Parmesan, gerieben
Salz und Pfeffer
etwas frische Petersilie

Rhabarberstängel quer und der Länge nach teilen – dicke Stangen mehrfach. Eine Form mit Butter einfetten, Rhabarber hineingeben, mit etwas Olivenöl beträufeln und eine Prise Salz hinzufügen. 25 Minuten bei 200 °C backen.

Zwiebeln in feine Würfel schneiden. Zwiebeln und Reis in einer Pfanne unter Rühren in Öl anbraten, bis der Reis glasig wird. Wein hinzufügen und unter Rühren köcheln, bis die Flüssigkeit verdampft ist. Brühe schrittweise angießen. Rühren, bis die Flüssigkeit verdampft ist, bevor mehr Brühe angegossen wird. 20 Minuten unter ständigem Rühren köcheln.
Zum Schluss Butter, Parmesan und Rhabarber vorsichtig unterrühren.

Die Seehechtfilets mehrmals auf der Hautseite einschneiden und mit der Hautseite nach unten 2–3 Minuten scharf anbraten. Danach die Hitze reduzieren und weiter braten, bis das Fleisch weiß ist. Etwas Butter in die Pfanne geben, aufschäumen lassen und den Fisch von der anderen Seite 10 Sekunden braten. Mit Salz und Pfeffer würzen.

Zum Schluss mit einer Prise Petersilie bestreuen.

KOTELETTS IM QUINOABETT

350 g geräuchter Bacon
4 Koteletts
Butter zum Braten
Salz und Pfeffer

QUINOABETT

3 kleine rote Zwiebeln
2 Zehen Knoblauch
400 g Rhabarber
160 g Quinoa
300 ml Wasser
200 ml Sahne
Saft und Schale von 1 ungespritzten Orange
1 TL Ingwer, zerstoßen
1 EL Zucker
etwas Muskatnuss, gerieben
Salz und Pfeffer

Rote Zwiebeln, Knoblauch und Rhabarber in kleinere Stücke schneiden. Alle Zutaten für die Quinoa-Schüssel in einer ofenfesten Form mischen und bei 200 °C 30 Minuten backen.

Bacon in einer Pfanne (fast knusprig) braten und zur Seite stellen.

Während der Backzeit von 30 Minuten die Koteletts im Bacon-Fett und etwas Butter braten. Mit Salz und Pfeffer würzen. Sie sollten nur 30 Sekunden auf jeder Seite gebraten werden.

Bacon und Koteletts oben in die Form geben und weitere 10 Minuten backen. Eventuell etwas Flüssigkeit zugeben, wenn das Gericht trocken wirkt.

SÜSSSAURES AUS DEM WOK

SAUCE

2 TL Maisstärke
4 EL Wasser
3 EL Rhabarbersaft
(oder Ananasflüssigkeit)
2 EL Reisessig oder Weißweinessig
1 EL Zucker
2 EL Ketchup
1 EL Sojasauce
½ EL Chilisauce

200 g Nudeln
½ Bund Frühlingszwiebeln

WOK

400 g Rindfleisch
2 EL Fünf-Gewürze-Pulver
1 rote Paprika
2 große Möhren
4 Stängel Zitronengras
100 g Spargelbrokkoli
150 g Rhabarber
75 g Zuckererbsen
150 g Edamamebohnen
Sesamöl zum Braten

Das Rindfleisch in Streifen schneiden und kräftig mit Fünf-Gewürze-Pulver einreiben.

Wasser und Maisstärke gut verrühren. Die restlichen Zutaten für die Sauce in einer anderen Schüssel mischen und beides zur Seite stellen.

Nudeln kochen. Paprika, Möhren, Zitronengras, Spargelbrokkoli und Rhabarber in dünne Streifen schneiden.

Eine Pfanne mit Sesamöl gut erhitzen. Zunächst das Fleisch hinzugeben und 1 Minute braten. Danach Paprika, Möhren und Zitronengras hinzufügen und weitere 2 Minuten braten. Zum Schluss Spargelbrokkoli, Rhabarber, Zuckererbsen und Edamamebohnen in die Pfanne geben. Alles noch 1 weitere Minute braten. Sauce und Maisstärke hinzufügen, einkochen lassen.

Mit Nudeln, Frühlingszwiebelkringeln und Cashewkernen oder Erdnüssen servieren.

HÜHNCHEN MIT PERLGRAUPEN

150 g Bacon
1 kleine Handvoll frische Minze, nach Geschmack
1 kleine Handvoll frischer Schnittlauch, nach Geschmack
2 Hähnchenbrüste
etwas Öl zum Braten
150 g Rhabarber
1 Zwiebel
210 g Perlgraupen
2 TL Ingwer, zerstoßen
350 ml Weißwein
300 ml Gemüsebrühe
100 ml Sahne
Salz und Pfeffer

Bacon in Würfel schneiden und in einer Pfanne knusprig braten. Minze und Schnittlauch grob hacken und mit dem Bacon vermengen. Zur Seite stellen.

Die Hähnchenbrüste in kleinere Stücke schneiden, kurz in einer großen Pfanne mit etwas Öl bei starker Hitze anbraten, bis sie gebräunt sind.

Rhabarber in 4 cm große Stücke schneiden. Zwiebel schälen, halbieren und in dünne Streifen schneiden. Den Herd auf mittlere Hitze zurückschalten und Perlgraupen, Rhabarber, Zwiebel und zerstoßenen Ingwer hinzufügen. Kurz anschwitzen lassen.

Mit Weißwein ablöschen und 10 Minuten einkochen lassen. Gemüsebrühe dazu gießen und ca. 15 Minuten weiter köcheln lassen. Sahne hinzufügen und simmern lassen, bis alles etwas eingekocht ist. Mit Salz und Pfeffer abschmecken.

Bacon und Kräuter über die fertigen Perlgraupen streuen, das Gericht sofort servieren.

LACHS MIT KOHL UND RHABARBER

1 EL Senfsamen
1 EL Kümmel
1 EL Fenchelsamen
250 g Rhabarber
300 ml Orangensaft
50 ml Wasser
80 g Rohrzucker
15 g frischer Ingwer
100 ml Weißwein
100 ml Weißweinessig
½ Kopf Wirsing, in Streifen schneiden
320 g schwarzer Reis
4 Stücke Lachs
Olivenöl
Salz und Pfeffer
ein paar Löffel Crème fraîche

Alle Samen in einer Pfanne anrösten, bis sie aufpoppen. Vom Herd nehmen und zur Seite stellen.

Den Rhabarber in lange, zahnstocherdicke Streifen schneiden.

Orangensaft, Wasser und Zucker in einem Topf erhitzen. Wenn der Zucker aufgelöst ist, die Samen und den kleingeschnittenen Ingwer hinzufügen. Bei mittlerer Hitze ca. 10 Minuten zu einem Sirup simmern lassen. Wenn die Flüssigkeit sirupartig ist, den Rhabarber hinzufügen. Den Rhabarber ca. 2 Minuten weich kochen. Danach herausnehmen und zur Seite stellen. Jetzt Wein, Essig und die Wirsingstreifen in den Sirup geben. Ca. 40 Minuten simmern lassen.

Unterdessen den Reis nach Packungsanweisung kochen.

Den Lachs mit etwas Olivenöl einpinseln und gut mit Salz und Pfeffer bestreuen. Im vorgeheizten Ofen bei 200 °C ca. 15–20 Minuten backen.

Den Kohl aus dem Topf heben und mit dem schwarzen Reis vermengen. Etwas Restflüssigkeit aus dem Topf darüber gießen.

Den Lachs mit Crème fraîche und Rhabarber auf Tellern anrichten. Die Kohl-Reis-Mischung dazu servieren.

SÜSSES

TARTE MIT GEBACKENEM RHABARBER

TEIG
200 g Mehl
2 EL Puderzucker
120 g kalte Butter
ca. 3 EL Wasser

RHABARBER
280 g Rhabarber
Saft von 1 Orange
50 g Rohrzucker

CRÈME
1 Vanilleschote
30 g Zucker
2 Eigelb
10 g Maisstärke
200 ml Milch
100 ml Sahne

Mehl und Puderzucker mischen. Die Butter in kleine Würfel schneiden und in das Mehl krümeln, bis es eine flockige Konsistenz hat. Wasser hinzufügen und alles zu einem Teig kneten. Für mindestens 4 Stunden kaltstellen – gern über Nacht. In einer Kuchenform mit 25 cm Durchmesser für ca. 15–20 Minuten bei 200 °C blindbacken.

Rhabarber in kleinere Stücke schneiden, in eine Form geben, mit Orangensaft und Zucker bepinseln. Bei 180 °C für 10 Minuten backen, bis er weich ist, aber seine Form noch behält.

Vanilleschote der Länge nach aufschneiden und die Samen herauskratzen. Die Samen mit dem Zucker mischen. Zucker, Eier und Maisstärke gut vermengen. Milch und Vanilleschote aufkochen lassen. Die Schote herausnehmen und die Eimischung hineingießen. Erhitzen und vom Herd nehmen, wenn die Mischung eindickt. In den Kühlschrank stellen.

Sahne schlagen und unter die kalte Crème heben. Die Crème unten auf den abgekühlten Kuchenteig geben und mit Rhabarber abschließen – wie künstlerisch es wird, liegt in Ihrer Hand. Evtl. mit rotem Sauerklee und Minze garnieren.

BLONDIE MIT PISTAZIEN

300 g weiße Schokolade
200 g Butter
1 Vanilleschote
200 g Zucker
125 g Mehl
3 Eier
180 g Pistazienkerne, gesalzen
225 g Rhabarber
etwas flüssiger Honig

200 g Schokolade im Wasserbad schmelzen lassen, die Butter in einem Topf schmelzen lassen.

Vanilleschote der Länge nach aufschneiden und die Samen herauskratzen. Zucker, Mehl und Vanillesamen in einer Schüssel mischen und die Eier unterschlagen, bis die Mischung luftig ist.

Butter und die geschmolzene Schokolade mit einem Teigschaber oder Ähnlichem unter die Mischung heben.

Zum Schluss die Pistazienkerne und die restlichen 100 g Schokolade grob hacken und ebenfalls unter die Mischung heben. Den Teig in eine Form geben.

Den Rhabarber in lange Stücke schneiden und oben auf den Teig legen. Mit etwas Honig bepinseln.

Den Kuchen bei 180 °C ca. 50 Minuten backen. Wenn Sie ihn anstechen, darf gern noch etwas am Stäbchen kleben bleiben. Kuchen vor dem Anschneiden und Servieren ganz abkühlen lassen.

FRÜHLINGSBAISER MIT SKYR-CRÈME

BAISERBODEN

4 Eiweiß
200 g Zucker
100 g Kokosmehl
100 g dunkle Schokolade, gehackt

CRÈME

400 ml Schlagsahne
250 ml Skyr natur
2 Vanilleschoten
2 EL Zucker

MARINIERTER RHABARBER

3 Stängel Rhabarber
1 EL Granatapfelessig
3 EL Rohrzucker
etwas Wasser

35 g Pistazienkerne

Rhabarber in Stücke schneiden. In Essig und Zucker wenden und in einen Topf geben. Den Rhabarber bei mittlerer Hitze etwas weich kochen, aber nicht zu sehr, er sollte etwas Biss behalten. Den Topf vom Herd nehmen und den Rhabarber abkühlen lassen.

Die Eiweiße und den Zucker zusammen schlagen, bis die Masse komplett steif ist. Kokos und Schokolade darunter heben. Die Masse in der gewünschten Form verteilen und bei 165 °C ca. 25 Minuten backen.

Die Sahne schaumig schlagen und vorsichtig unter den Skyr heben. Vanilleschote der Länge nach aufschneiden und die Samen herauskratzen. Bevor sie in die Crème kommen, mit dem Zucker mischen, damit sie gut verteilt werden (evtl. mit zusätzlichem Zucker abschmecken).

Die Sahnecrème auf dem Boden verteilen, danach den Rhabarber und alles zum Schluss mit gehackten Pistazien und zusätzlicher Schokolade garnieren.

RHABARBER-CRUMBLE

SESAMZUCKER
100 g Sesamsamen
50 Zucker

CRUMBLE
100 g Zucker
100 g Mehl
100 g Butter
70 g Haferflocken

BELAG
400 g Rhabarber
2 EL Zucker
1 EL Vanillezucker

MINZEDRESSING
200 g Crème fraîche 18 %
1 EL Rohrzucker
Minze nach Geschmack

Die Sesamsamen in einer trockenen Pfanne bei mittlerer/geringer Hitze rösten, bis sie golden sind. Den Zucker bei mittlerer Hitze in einem Topf schmelzen lassen. Die Sesamsamen hinzufügen, wenn der Zucker goldfarben ist, gut vermischen. Den Sesamzucker auf einem Stück Backpapier verteilen und abkühlen lassen.

Die Crumble-Zutaten gut vermengen. Den Sesamzucker in kleinere Stücke brechen und zur Mischung hinzufügen.

Den Rhabarber in Stücke von ca. 2 cm schneiden. Die Stücke in Zucker und Vanillezucker wenden, dann auf den Boden einer feuerfesten Form legen.

Den Crumble-Teig darüber geben und alles bei 200 °C ca. 25 Minuten backen.

Crème fraîche und Rohrzucker gut vermischen. Minze fein hacken und unterrühren.

PAVLOVA MIT RHABARBER

BODEN

8 Eiweiß
550 g Zucker
3 TL Weißweinessig
1 TL Vanillezucker
etwas Puderzucker zum Bestreuen
Backpapier

BELAG

500 g Rhabarber
80 g Rohrzucker
1 EL Wasser
1 l Sahne
2 TL Vanillezucker
½ EL Puderzucker

Ofen auf 120 °C vorheizen.

Rhabarber, Zucker und Wasser in einem Topf aufkochen lassen – nur ganz kurz, damit der Rhabarber weich wird. Ganz abkühlen lassen.

Die Eiweiße in einer Schüssel halb steif schlagen. Danach den Zucker hinzufügen, schrittweise sehr kleine Mengen, während mit hoher Geschwindigkeit geschlagen wird. Wenn die Hälfte des Zuckers hinzugefügt ist, den Essig und den Vanillezucker hineinschlagen, bevor der restliche Zucker hinzukommt.

Etwas Puderzucker auf 2 Bögen Backpapier verteilen und das Baiser darauf verstreichen. Baiser zu einem Kreis mit einer kleinen Kuhle in der Mitte beider Böden formen. Im Ofen bei 120 °C ca. 1½ Stunden backen.

Die Sahne schlagen, Vanillezucker und Puderzucker darunter heben.

Kuchen fertigstellen, wenn die Böden komplett abgekühlt sind. Erst einen Boden, dann die Sahne, danach den Rhabarber – und so weiter …

KLEINE MARZIPANKÜCHLEIN

60 g Mehl
½ TL Backpulver
2 EL Blaumohn
1 Prise Salz
80 g weiche Butter, ungesalzen
100 g Rohrzucker
1 Ei
50 ml Crème fraîche
1 TL Vanilleextrakt
100 g Rhabarber
50 g Marzipan

Mehl, Backpulver, Mohn und Salz in einer Schüssel mischen. In einer anderen Schüssel Butter und Zucker verschlagen. Ei, Crème fraîche und Vanilleextrakt hinzufügen. Die Mehlmischung nach und nach einrühren.

Rhabarber der Länge nach halbieren und in kleine Stücke schneiden. Zusammen mit den kleinen Marzipanstücken in den Teig geben und vorsichtig unterheben.

Den Teig in kleine Muffinförmchen gießen und bei 180 °C ca. 20 Minuten backen.

RHABARBER-BANANEN-BROT

5 kleine Stängel Erdbeer-Rhabarber

200 g Butter
120 g Rohrzucker
200 g brauner Zucker
2 Eier
4-5 reife Bananen
100 ml Vollmilch
200 g Weizenmehl
100 g Vollkornweizenmehl
1½ TL Vanillezucker
1 TL Backpulver
200 g dunkle Schokolade
50 g Mandeln

Butter schmelzen lassen, mit Rohrzucker und braunem Zucker vermischen. Eier hinzufügen. Bananen gründlich zermusen und zusammen mit der Milch hinzugeben.

Die beiden Mehlsorten, Vanillezucker und Backpulver vermischen. Sorgfältig mit der Bananenmischung vermengen.

Schokolade und Mandeln grob hacken, unter den Teig heben. Den Teig in eine Form geben.

Rhabarber zurechtschneiden, sodass er in die Form passt. Rhabarber gut in den Teig hineindrücken, den Rest obenauf legen.

Das Bananenbrot bei 180 °C ca. 50 Minuten im Ofen backen. Das Brot mit einem Fleischspieß oder Holzstäbchen einstechen – wenn beim Herausziehen kein Teig hängenbleibt, ist das Brot fertig

RHABARBERCHIPS

Rhabarber in lange, dünne Streifen schneiden. Im Ofen bei 65 °C ca. 7 Stunden backen, bis er knusprig ist.

Die Chips als Garnierung für Kuchen oder Skyr, Brei und Ähnliches verwenden.

GESCHICHTE DES RHABARBERMANNS

Im Frühherbst besuche ich Lars Skytte und seinen Hof auf Fünen. Ein 75 Hektar großes Unternehmen mit beeindruckender Geschichte.

Nach zwei Stunden Fahrt von Kopenhagen aus komme ich an seiner Gärtnerei an. Ich klopfe an die Tür und heraus kommt ein grinsender, typischer Däne in Shorts und kurzärmeligem Hemd. Lars empfängt mich herzlich und schon in den ersten Minuten merke ich, dass er von seiner Leidenschaft getrieben ist. Ich besuche offenbar den Richtigen.

Lars Skytte betreibt seit 1983 ökologische Landwirtschaft auf Fünen und war seit den 1970er-Jahren Vorreiter für die Ökolandwirtschaft in Dänemark. Seit Beginn in den 1990er-Jahren baut er Rhabarber an und liefert heute 40–50.000 Bund jährlich an Händler im ganzen Land. Er ist also Rhabarberexperte mit großer Leidenschaft für seine Arbeit und außerdem ein höchst entgegenkommender Mensch.

Ich übergebe jetzt an den Rhabarbermann von Fünen:

HISTORISCHES

Rhabarber wird seit Mitte des 19. Jahrhunderts in Deutschland angebaut, zunächst in Norddeutschland. Von dort breitete er sich bis in den Süden des Landes aus. Bis zum 2. Weltkrieg wurde Rhabarber hierzulande immer beliebter und die Anbaufläche stieg auf ca. 1700 Hektar. Als frühes Gemüse füllte er die Lücke zwischen Winter- und Sommeräpfeln und sorgte für Frische auf dem Tisch.
Nach dem zweiten Weltkrieg ging der Anbau zurück, auch aufgrund der steigenden Obst- und Gemüseimporte, die das Thema Saisonalität bei Obst und Gemüse in den Hintergrund treten ließen. 1993 wurden nur noch 350–400 Hektar angebaut. Inzwischen gewinnt Rhabarber wieder an Popularität – nicht zuletzt dank der „Neuentdeckung“ von Rhabarbersaftschorle. Diese wurde vor etwa 12 Jahren in einem Hamburger Biergarten zum Kultdrink und ist inzwischen aus Gastronomie und Lebensmittelhandel kaum mehr wegzudenken. Im Zuge dieses Trends ist der Anbau von Industrie-Rhabarber für die Verarbeitung deutlich gestiegen, 2018 lag die Anbaufläche in Deutschland bei gut 1.200 Hektar.

Botanisch gehört Rhabarber (Rheum rhaponticum) wie auch seine wilden Verwandten Vogelknöterich, Sauerampfer und Ampfer zu den Knöterichgewächsen. Die Pflanze soll aus Zentralasien stammen, wo ihre Wurzeln auch für die traditionelle Medizin genutzt wurden. In Deutschland fand und findet Rhabarber ebenfalls in der Medizin Verwendung, vornehmlich die Rhabarberwurzel, unter anderem bei Verstopfung, Darmträgheit, Zahnfleischentzündungen oder Entzündungen der Mundschleimhaut. Bestimmte Rhabarberarten werden zur Behandlung von Wechseljahresbeschwerden eingesetzt.

Der gelbe Farbstoff der Pflanze war lange Zeit beim Volk bekannt, das Rhabarber zum Färben von Wolle verwandte. Geistliche in England wendeten Rhabarber zum Färben der Haare an. Man lese nur dieses Rezept aus den „Geheimnissen des ehrwürdigen Meisters Alexis von Piemount“: „Um das Haar golden zu färben, wird Rhabarber ausgekratzt und in Weißwein eingelegt. Wenn der Kopf damit gewaschen wurde, wird das Haar wieder mit einem Schwamm angefeuchtet und vor dem Feuer oder in der Sonne getrocknet. Danach wieder anfeuchten und trocknen lassen.“

Das Färben mit Rhabarber ist heute nicht mehr sehr stark verbreitet. Wer sich allerdings mit natürlichen Farbstoffen und Pflanzenfarben beschäftigt, greift durchaus auf Rhabarber zurück und freut sich über ein sattes Gelb.

Eine kleine Anekdote aus Dänemark: Lange Zeit war Rhabarber ein geschätzter Frühlingsbote und schaffte es sogar, dass ein ganzes Viertel außerhalb der Stadtmauern Kopenhagens nach ihm benannt wurde. Bevor Rhabarber zu Ende des 19. Jahrhunderts in Vesterbro angebaut wurde, züchteten die Gärtner Gemüse in Kopenhagen direkt außerhalb der Stadtmauern. Tagsüber wurde es dann auf den Märkten im Ort verkauft. Eines der nährstoffbedürftigsten Gemüse war der Rhabarber. Mit dem damaligen Sinn für Rezirkulation war es naheliegend, die Abfälle der Stadt zu den Gartenbaukulturen zu fahren, die den größten Bedarf hatten. Das große, neu erbaute Arbeiterviertel Vesterbro trägt seitdem den schönen, aber leicht abwertenden Beinamen „Rhabarberviertel".

EIGENER ANBAU

Es gibt zwischen den Sorten große Unterschiede bei Geschmack, Stangengröße, Farbe, Erntezeit und Säurezusammensetzung. Die Auswahl an Rhabarberpflanzen in Baumschulen und Gartenzentren ist oft sehr überschaubar, sodass es schwierig sein kann, die Sorte zu finden, die man möchte. Ein Blick in Onlineshops oder ein Anruf bei spezialisierten Gärtnereien kann hier hilfreich sein. Eine gute Auswahl bietet z.B. die Aromagärtnerei Deaflora auf ihrer Homepage deaflora.de oder der Shop von pflanzmich.de.

Ich möchte einige Sorten mit verschiedenen Qualitäten vorstellen.

Grünes Fruchtfleisch

Holsteiner Blut – Klassiker aus Deutschland mit roten Stielen und grünem Fruchtfleisch, vielseitige Verwendung, beliebtester Gartenrhabarber, sehr ertragreich und robust, sehr aromatisch

Fultons Strawberry Surprise – soll die Sorte mit dem besten Geschmack sein, sehr aromatisch, rote Stängel und gelbgrünes Fruchtfleisch

Goliath – bis zu 90 cm hoch, rötliche Stängel, kräftiger und leicht säuerlicher

Geschmack, sehr ertragreich; Besonderheit: wenn man Goliath im Dunkeln treibt (z.B. indem man kurz vor dem Austrieb einen Maurerkübel über die Pflanze stülpt), bekommen die Stängel eine schöne rosa Farbe und ein sehr feines Aroma

Himbeer-/Erdbeer-Rhabarber Frambozen Rood – mild-fruchtiges Aroma, rote Stängel, saftig, erfreut sich immer größerer Beliebtheit

Rosara – grünes Fruchtfleisch in zart-rosa Hülle, schmeckt säuerlich

The Sutton – stammt aus England, Stängel zur Hälfte rot, zur Hälfte grün, mild-säuerlicher Geschmack

Rotes Fruchtfleisch:
Holsteiner Edelblut – Untersorte Holsteiner Blut, Stängel und Fruchtfleisch rot, milder Geschmack

Elmsjuwel – alte norddeutsche Sorte, Himbeer-Rhabarber mit sehr geringem Säuregehalt, rotes Fruchtfleisch, sehr fruchtig und würzig

Elmsblitz – alte, bewährte Sorte, die heute leider kaum mehr zu finden ist; besonders mildes, dunkelrotes Fruchtfleisch mit sehr wenig Oxalsäure

Vierländer Blut – traditionelle Sorte aus der Nähe von Hamburg, ausgeprägtes Rhabarberaroma und intensive Rotfärbung; sehr gut für Saft und Kompott

Farbe
Ertragsmäßig bringen die roten Sorten normalerweise 25-50 Prozent weniger als die grünen. Gut zu wissen: Die Gruppen der Farbstoffe (Anthocyanine), die dem Rhabarber die roten Farbe verleihen, sind sehr lichtempfindlich, weshalb die farbenfrohen Lebensmittel dunkel gelagert werden sollten.

Säuregehalt
Die Rhabarberpflanze zählt zu den Kulturpflanzen, bei denen der Gehalt an Oxalsäure ein zentrales Thema darstellt. Daran knüpfen sich viele Mythen. Früher war man der Ansicht, dass der hohe Oxalsäuregehalt des Rhabarbers zur Bildung von Nierensteinen oder zur Entkalkung der Knochen führen könnte, das ist jedoch kaum dokumentiert. Sicher ist jedoch, dass Sorten mit geringem Oxalsäuregehalt als schmackhafter empfunden werden.

Für den Gehalt des Rhabarbers an Oxalsäure sind mehrere Faktoren entscheidend:

- Sortenunterschiede: Es gibt Sorten mit geringem Oxalsäuregehalt wie Elmsjuwel oder Elmsblitz sowie Sorten mit einem vergleichsweise hohen Gehalt wie Gigant.
- Erntezeitpunkt: Je älter die Stängel werden, desto höher wird der Gehalt an Oxalsäure. Wenn Sie die Oxalsäure reduzieren möchten, sollten Sie deshalb Ihre Stängel ziehen, wenn sie klein und knackig sind.
- Alter der Pflanze: Je älter die Pflanze wird, desto geringer wird ihr Oxalsäuregehalt.

Für das Aroma spielt allerdings eine andere Säure die größere Rolle: Apfelsäure. Diese organische Säure tritt im Rhabarber in großen Mengen auf und ist faktisch die Säure, die den höchsten Anteil hat.
Untersuchungen haben gezeigt, dass der Rhabarbergeschmack ideal ist, wenn die Menge an Apfelsäure zwischen 18 und 22 Prozent beträgt. Ist zu wenig Apfelsäure enthalten, verschwindet das Rhabarberaroma. Ist zu viel vorhanden, wird der Geschmack zu scharf.

ANBAU

Wenn Sie Ihre Rhabarberpflanzen einsetzen, ist es wichtig, ein tiefes Loch zu graben, einen Spatenstich tiefer als das Rhizom. Die Erde mit gutem Kompost vermengen, bevor die Pflanze auf einer Ebene mit dem restlichen Boden eingesetzt wird. Bei der Pflanzung im Herbst ist das Angießen normalerweise nicht nötig, im Frühling jedoch muss gut auf die Wasserbalance geachtet werden. Nach dem Pflanzen muss die Rhabarberpflanze bis zum nächsten Jahr Ruhe haben, um gut anzuwachsen und neue Wurzeln zu bilden.

Im ersten Jahr ist Unkrautbekämpfung wichtig. Hat sich die Pflanze aber erst einmal etabliert, ist das nicht mehr so erforderlich, da der Rhabarber mit seinem frühen, heftigen Wuchs benachbarte Pflanzen gut unterdrückt. Wurzelwildkraut wie Quecke, Geißfuß und Ackerdistel sollte jedoch das ganze Jahr über entfernt werden.

Rhabarber ist eine Staude, die während der Anbausaison Vorrat für das Wachstum des nächsten Jahres sammelt. Deshalb ist es wichtig, nicht zu aggressiv vorzugehen, wenn die Stängel geerntet werden. Rhabarberstängel sollen nicht abgeschnitten, sondern herausgezogen werden, damit ständig neue nachfolgen. Wichtig ist, nur einen Stängel auf einmal herauszuziehen, und zwar mit einem schrägen Zug zur Seite. So wird die Pflanze weitmöglichst geschont und ihr Herz nicht mit herausgezogen. Gleichzeitig nimmt man den saftigen Blattfuß mit in die Küche.

Allgemein bekannt ist, dass die Ernte um den Johannistag endet. Das ist eine ausgezeichnete Regel bei jungen Pflanzen, die noch kein großes Rhizom entwickelt haben, um darin Nährstoffe anzureichern. Bei älteren Pflanzen, die im Frühling nicht zu stark beerntet wurden, können im Sommer und Spätsommer noch Stängel geerntet werden, wenn man darauf achtet, etwa 75 Prozent der Stängel an der Pflanze zu belassen. Die Stängel haben jedoch nicht mehr dieselbe Qualität wie im Frühjahr. Aber in einem regenreichen Sommer können noch gute Resultate erzielt werden.

KOMPOTT

RHABARBERKOMPOTT MIT INGWER

1 kg Rhabarber
15 g frischer Ingwer
220 g Rohrzucker

Rhabarber in kleine Stücke schneiden. Ingwer schälen und ganz fein schneiden. Alle Zutaten in einen Topf geben. Bei mittlerer/geringer Hitze zum dicken Kompott kochen.

RHABARBERKOMPOTT MIT MINZE

1 kg Rhabarber
1 kleine Handvoll frische Minze
270 g Rohrzucker

Rhabarber in kleine Stücke schneiden. Minze hacken und alle Zutaten in einen Topf geben. Bei mittlerer/geringer Hitze zum dicken Kompott kochen.

RHABARBERKOMPOTT MIT VANILLE

1 kg Rhabarber
1 Vanilleschote
270 g Rohrzucker

Rhabarber in kleine Stücke schneiden. Vanillesamen aus der Schote kratzen und alle Zutaten in einen Topf geben, auch die Vanilleschote. Bei mittlerer/geringer Hitze zum dicken Kompott kochen.

Jede Portion ergibt ein Glas mit ca. 800 ml Inhalt.

Für alle drei Kompotte gilt, dass sie leicht abkühlen sollten, bevor sie in die ausgekochten Gläser kommen. In einem dunklen, kühlen Schrank aufbewahren, nach dem Öffnen jedoch im Kühlschrank. Ungeöffnet ca. drei Monate haltbar, nach dem Öffnen ungefähr eine Woche.

Alle drei Kompottsorten können ganz nach Geschmack für die folgenden Rezepte verwendet werden.

OVERNIGHT OATS

400 ml griechischer Joghurt
250 ml Mandelmilch
150 g Rhabarberkompott, siehe Seite 64–66
160 g Haferflocken

Alle Zutaten gut mischen und über Nacht in den Kühlschrank stellen.

Evtl. mit Blaumohn oder gehackten Nüssen, etwas zusätzlichem Kompott, Rhabarberchips (S. 48) und etwas Mandelmilch toppen.

RHABARBERSCHNITTEN

Ergibt 16 kleine runde Schnitten mit 6½ cm Durchmesser

TEIG

350 g Weizenmehl
1 Prise Salz
1 TL Kardamom
200 g Butter, ungesalzen
150 g Puderzucker
1 Ei
1 EL Vanillezucker

GLASUR

1 Eiweiß
Puderzucker
1 Tropfen Essig

16 TL Rhabarberkompott,
ca. 150 g, siehe Seite 64–66

Weizenmehl, Salz und Kardamom vermengen. Die Butter in kleinere Würfel schneiden und mit dem Mehl verkneten, bis eine flockige Konsistenz entsteht. Puderzucker, Ei und Vanillezucker hinzufügen und den Teig zügig kneten. Teig einschlagen und 1 Stunde in den Kühlschrank legen.

Teig in einer Dicke von ca. 4 mm ausrollen. Kleine Kreise mit einem passenden runden Ausstecher, z. B. einem Glas, ausstechen und auf ein Backblech mit Backpapier legen.

Die Küchlein bei 190 °C ca. 10 Minuten im Ofen backen, bis sie golden sind. Auf einem Tortengitter abkühlen lassen.

Glasur aus Eiweiß und Puderzucker zubereiten. Eine kleine Menge Puderzucker unterschlagen und fortsetzen, bis die Konsistenz zahncremeartig ist. Der Essig wird zum Schluss mitgeschlagen.

Eine Hälfte der Böden erhält Glasur, auf die andere Hälfte der Böden kommt 1 TL Kompott. Vorsichtig zusammendrücken und evtl. mit Rhabarberchips garnieren, siehe Seite 48.

CHEESECAKE

BODEN

30 Digestive-Biskuits
150 g Butter

FÜLLUNG

5 Blatt Gelatine
2 Vanilleschoten
400 g Frischkäse natur
260 g Crème fraîche
100 Zucker
Saft von 1 ungespritzten Limette

150 g Rhabarberkompott,
siehe Seite 64 – 66

Gelatine in kaltem Wasser einweichen.

Die Biskuits zu Mehl mixen, die Butter schmelzen lassen. Biskuits und Butter vermischen und die Masse an den Boden einer Springform pressen. 10 Minuten bei 200 °C backen.

Vanilleschoten der Länge nach aufschlitzen, Samen herauskratzen. Frischkäse, Crème fraîche, Zucker und Vanille zu einer glatten Masse mischen.

Gelatine auswringen und in etwas (ca. 50 ml) Wasser schmelzen lassen, das gerade gekocht hat. Limettensaft und etwas von der Käsemasse in das Gelatinewasser gießen, um sie zu temperieren. Alles vermischen.
Käsemasse auf den Boden geben und mögliche Luftblasen entfernen. Das Rhabarberkompott kommt in kleinen Klecksen oben auf die Käsemasse. Danach das Kompott vorsichtig mit einem Stäbchen in die Käsemasse einrühren, damit ein Marmoreffekt entsteht.

Die Kuchen mindestens 4 Stunden oder über Nacht in den Kühlschrank stellen. Vor dem Servieren mit Rhabarberchips garnieren, siehe Seite 48.

TRIFLE

1 Portion

3 EL Schlagsahne
4 kleine Makronen
4 EL Rhabarberkompott, siehe Seite 64 – 66
etwas dunkle Schokolade

Schlagsahne schaumig schlagen und die Makronen zerbröseln.

Kompott, Makronen und Schlagsahne in einem kleinen Glas als Trifle anrichten. Schokolade darüber reiben.

PFANNKUCHEN

8–10 Stück

TEIG

130 g Weizenmehl
20 g Kokosmehl (oder geriebenes Kokos)
1 EL Blaumohn
2 TL Backpulver
3 EL Zucker
2 TL Vanillezucker
250 ml Milch
1 Ei
1 EL Limettensaft
etwas Salz

BELAG

Rhabarberkompott, siehe Seite 64–66
Skyr

Alle Zutaten für den Teig gut vermengen und in einer heißen Pfanne zu kleinen Kuchen backen.

Mit Kompott und etwas Skyr servieren.

Ingwer und Chili
Rhabarber-Chutney
Rhabarber-
Relish

CHUTNEY & RELISH

RHABARBER-CHUTNEY

1 Glas à 400-500 ml

500 g Rhabarber
2 Zwiebeln
100 ml Weißwein
200 ml Apfelessig
150 g Zucker
2 TL Senfkörner
2 TL Nelken, zerstoßen
½ TL Kümmel
1 Chili
20 g Ingwer
Salz und Pfeffer

Rhabarber in kleine Stücke schneiden. Die Zwiebeln in dünne Scheiben schneiden und mit dem Rhabarber vermengen.

Alle Zutaten in einen Topf geben und ca. 15. Minuten einkochen lassen, bis der Rhabarber zerkocht ist.

Das Chutney etwas abkühlen lassen, bevor es in ausgekochte Gläser gefüllt wird. In einem dunklen, kühlen Schrank aufbewahren, nach dem Öffnen jedoch im Kühlschrank. Ungeöffnet ca. drei Monate haltbar, nach dem Öffnen ungefähr eine Woche.

Ingwer und Chili
Rhabarber-Chutney

GRÜNER SALAT AN GEGRILLTEM SPARGEL

250 g Spargel
1 Avocado
½ Salatgurke
250 g Edamamebohnen
75 g Zuckererbsen
½ Bund Frühlingszwiebeln
50 g Feldsalat
100 g Ziegenkäse
4 EL Rhabarber-Chutney, siehe Seite 80

Spargel brechen und Enden entsorgen. Den Spargel in einer trockenen Pfanne braten.

Avocado halbieren, Schale entfernen und in Scheiben schneiden. Das restliche Gemüse evtl. in kleinere Stücke schneiden.

Alles auf einem großen Teller anrichten und den Salat mit geschmolzenem Ziegenkäse und einem Klacks Rhabarber-Chutney garnieren.

GEBACKENER BRIE

1 Brie
20 g Mandeln
20 g Haselnüsse
1 EL Honig
Rhabarber-Chutney, siehe Seite 80

Nüsse grob hacken und mit Honig mischen.

Den Brie auf ein Backblech mit Backpapier legen, die Nüsse darüber streuen. Bei 200 °C ca. 15-20 Minuten backen, bis der Brie innen flüssig ist.

Mit Brot oder Biskuits und Rhabarber-Chutney (S. 80) servieren.

RHABARBER-RELISH

1 Glas à ca. 200 ml

250 g Rhabarber
1 Zwiebel
100 ml Branntweinessig
100 ml Apfelessig
80 g Zucker
1 TL gelbe Senfkörner
Salz und Pfeffer

Den Rhabarber in lange, dünne Streifen schneiden. Die Zwiebel in feine, dünne Scheiben schneiden und mit dem Rhabarber vermengen. Essig, Zucker, Senfkörner, Salz und Pfeffer in einen Topf geben und erhitzen. Zwiebel und Rhabarber hinzufügen, wenn der Zucker aufgelöst ist. 10–15 Minuten simmern lassen, bis der Rhabarber komplett weich ist.

Das Relish etwas abkühlen lassen, bevor es in ausgekochte Gläser gefüllt wird. In einem dunklen, kühlen Schrank aufbewahren, nach dem Öffnen jedoch im Kühlschrank.

Ungeöffnet ca. drei Monate haltbar, nach dem Öffnen ungefähr eine Woche.

Rhabarber-
Relish

PULLED-PORK-BURGER

FLEISCH

2½ kg Schweinenacken
60 g brauner Zucker
2 kleine EL Paprikapulver, edelsüß
2 kleine EL geräuchertes Paprikapulver
2 kleine EL Zwiebelpulver
2 kleine EL Kreuzkümmel
1 EL Chili-Flocken
1 EL Knoblauchpulver
1 EL grobes Meersalz

Alle Zutaten mischen und gut in das Fleisch kneten. Das Steak einpacken und mindestens 2 Stunden oder über Nacht in den Kühlschrank legen.

Den Schweinenacken bei ca. 100 °C langsam garen. Die Zeit hängt von Größe und Dicke ab, evtl. die Verpackungsanweisung beachten. Oder ein Bratenthermometer verwenden, wenn die Kerntemperatur 70–75 °C beträgt, ist das Pulled Pork fertig.

FORTSETZUNG AUF DER NÄCHSTEN SEITE ...

BURGERBRÖTCHEN

200 ml Vollmilch
25 g Hefe
50 g Zucker
500 g Mehl
3 Eier
125 g weiche Butter
2 TL Salz

Die Milch auf 35 °C erwärmen, Zucker und Hefe darin auflösen. Das Mehl in zwei Schritten hinzufügen und zwischendurch gut verrühren.

Eier hinzufügen – immer ein Ei unter Kneten. Salz und Butter hinzugeben.

Evtl. mehr Mehl dazugeben, bis sich der Teig von der Schüssel abhebt. Den Teig 10 Minuten kneten und dann ca. 1 Stunde abgedeckt auf doppelte Größe aufgehen lassen.

8 Kugeln formen, auf ein Backblech legen und ca. 40 Minuten gehen lassen. Mit einem geschlagen Ei oder Milch bepinseln und bei 180 °C ca. 15 Minuten backen.

FÜLLUNG

Grüner Salat
Mayonnaise
Rhabarber-Relish, siehe Seite 86

Burger mit dem langsam gegarten Fleisch, etwas grünem Salat, Mayonnaise und Relish belegen.

SPICY HOTDOGS

4 Hotdog-Würstchen
4 Hotdog-Brötchen
4 Cherry-Tomaten
1 kleine rote Zwiebel
1 Avocado
1 kleine Handvoll Koriander
ein paar Tortillachips
evtl. Jalapeños
4 EL Rhabarber-Relish, siehe Seite 86

Tomaten, Zwiebel und Avocado in Scheiben schneiden. Koriander grob hacken.

Würstchen bei mittlerer Hitze garen, das Brot aufwärmen und den Hot Dog zusammenstellen.

GETRÄNKE

RHABARBER-GIN

1 Flasche à 700 ml

1 kg Rhabarber
450 g Zucker
700 ml Gin

Rhabarber waschen und in kleinere Stücke von ca. 4 cm schneiden. Mit dem Zucker in gespülte Gläser füllen und das Glas 24 Stunden in den Kühlschrank stellen.

Danach den Gin hinzufügen. Das Glas 4 Wochen dunkel und kalt stellen, bevor der Gin in eine Flasche geseiht wird.

Das Glas in der ersten Woche mindestens einmal täglich schütteln.

GIN & TONIC

1 Teil Rhabarber-Gin, siehe Seite 96
2 Teile Tonic
Eis

Das Glas erst mit Eis befüllen, dann mit Rhabarber-Gin und Tonic auffüllen.

LIGHT & STORMY

5 cl Rhabarber-Gin, siehe Seite 96
1 cl Limettensaft
10 cl Ginger Beer
Eis

Das Glas erst mit Eis befüllen, dann Rhabarber-Gin, Limettensaft und Ginger Beer hinzufügen.

RHABARBERSAFT MIT VANILLE

1 Flasche à ca. 1 l

1 kg Rhabarber
1½ l Wasser
2 Vanilleschoten
450 g Rohrzucker
evtl. etwas Limettensaft

Wasser, Rhabarber und Vanilleschoten schnell aufkochen lassen. Hitze herunterschalten, für 10 Minuten simmern lassen. Den Saft im Topf 30 Minuten ziehen lassen.

Saft durch ein Sieb in einen anderen Topf gießen und Zucker hinzufügen. Kochen lassen, bis der Zucker aufgelöst ist. Mit Limettensaft und evtl. zusätzlichem Zucker abschmecken.

Saft etwas abkühlen lassen, bevor er in eine ausgekochte Flasche gefüllt wird. Im Kühlschrank aufbewahren.

Mischverhältnis 1:3, Saft zu Wasser.

RHABARBER MULE

4 cl Wodka
2 Gurkenscheiben
3 cl Rhabarbersaft
150 ml Ginger Beer
Eis

Glas zu zwei Drittel mit Eis befüllen. Wodka und Gurken hinzufügen.

Rhabarbersaft eingießen und umrühren. Mit Ginger Beer toppen.

KORIANDER-SMASH

2 große Scheiben/Spalten von 1 ungespritzten Limette
1 kleine Handvoll Koriander
3 cl Wodka
2 cl Rhabarbersaft
6 cl Mineralwasser
Eis

Limetten und Koriander in einen Behälter geben und zermusen. Wodka hinzufügen und erneut gut zermusen.

Rhabarbersaft und Mineralwasser eingießen und umrühren. In ein Glas mit Eis seihen.

DANK AN …

Großer Dank gilt Freunden und Familie, die bei der Entstehung dieses Buches geholfen haben. Eure Hilfe war unbezahlbar.

Dank an Lars Skytte, der sein Wissen über Rhabarber mit uns geteilt hat, damit ich und meine Leser schlauer werden.

Dank an Broste Copenhagen, Trine Rytter Ceramics, Vildersbøll, KH Würtz, Pillivuyt und Luigi Bormioli für den Verleih des wunderschönen Geschirrs.

Dank an die Künstlerin und Designerin Marianne Foersom für die tollen Hintergründe.

ÜBER DEN AUTOR

Søren Staun Petersen kreiert seit 2013 Rezepte unter www.chefsseason.dk und legt dabei den Schwerpunkt auf Obst und Gemüse der Saison. Er entwickelt außerdem Rezepte für Brands und Magazine. Wegen seines Berufs als Werbefotograf insbesondere für Food-Fotografie beschäftigt er sich seit vielen Jahren mit Ernährung und deren Vermittlung. Søren hegt eine große Leidenschaft für frische dänische Zutaten.

REGISTER

G

H

I

K

L

M

N

O

P

Q

R

S

EIN ANDERES WUNDERGEMÜSE

FÜR DEN BESONDEREN GESCHMACK

DIE PERFEKTE ZUTAT IN VEGANER UND VEGETARISCHER KÜCHE

Blumenkohl – Kochen mit Köpfchen
Leckere vegetarische und vegane Rezepte
mit dem regionalen Wundergemüse

Kathy Kordalis

144 Seiten | 17 x 21 cm
Hardcover mit Tiefprägung
€ 18,00

ISBN 978-3-7843-5657-0

GEMÜSE MIT SUPERKRÄFTEN: ENTDECKEN SIE DEN ALLESKÖNNER BLUMENKOHL!

Ob frisch oder würzig, elegant oder rustikal – Blumenkohl kann viel mehr, als sein Ruf vermuten lässt. Lange als fade, gekochte Beilage abgetan, wird das Kohlgemüse nun von Köchen auf der ganzen Welt aufregend neu zubereitet – als Salat, Fingerfood, Auflauf, Suppe oder sogar als Dessert.

Auch Kathy Kordalis liebt die Vielseitigkeit von Blumenkohl. Sie kombiniert die australische Küche mit mediterranem Flair und kreiert eine kreative Rezeptvielfalt von vegetarischen und veganen Gerichten. In ihrem Kochbuch zeigt sie, dass Blumenkohl mehr ist als nur ein klassisches Herbst- oder Wintergemüse:

Herausgegeben von Muusmann Forlag, København
Originaltitel Rabarber – Nye og klassiske opskrifter til salt og sødt

2. Auflage 2020

Gestaltung: Muusmann Forlag
Fotograf: Søren Staun Petersen
Foto Seite 5: Martin Bjørn Christiansen
Übersetzung: Elke Adams, www.elke-adams.com
Wir bedanken uns ganz herzlich bei Udo Rindsfüsser
und Anne Huntemann für die Mithilfe.

Druck: Westermann Druck Zwickau GmbH
ISBN: 978-3-7843-5646-4